LISA NIESCHLAG ✦ LARS WENTRUP

Aachens Weihnachtsküche

Food-Fotografie
Lisa Nieschlag

Rezepte & Food-Styling
Andrea Gottfreund

Stadtfotografie
Niklas Birk
Ronny Kreu

Hölker Verlag

INHALT

Süß & köstlich

Lütticher Waffeln 10
Marzipanstollen 12
Husarenkrapfen mit Pflümli 16
Printencreme mit Gewürzkirschen
und Rumrosinen 18
Streuselbrötchen 20
Schwatze Flaam 24
Aachener Reisfladen 26
Hefezopf mit Quark-Zimt-Füllung 28
Belgische Schokoladentrüffel 32
Printen-Tiramisu 34
Orangen-Printen-Likör 36
Aachener Printen 38

Herzhaft & deftig

Aachener Sauerbraten mit Printen
und Rosinen 48
Oecher Morre-Jemös mit Woosch 52
Kanapees mit Aachener Weihnachtsleberwurst 54
Rievkooche mit Apfelkompott 58
Sauerbratensülze 60
Ärpel un Schlaat 62
Deftige Erbsensuppe mit Bockwürsten 66
Himmel und Ääd mit Puttes 68

Der Printenwald 40

Dank 70
Team 71
Impressum 72

Lichterglanz & Printenduft

Wenn die schönste Zeit des Jahres beginnt, verwandelt sich Aachen in ein atmosphärisches Weihnachtsdorf: Zum Advent werden Weihnachtsmarkthäuschen aufgestellt und funkelnde Tannengirlanden erleuchten die engen Gassen rund um den Dom und das Rathaus. Der Weihnachtsmarkt, der als kleiner „Printenmarkt" seinen Anfang hatte, ist weit über Aachens Grenzen hinaus bekannt und erfreut sich jedes Jahr großer Beliebtheit.

Der Duft von frisch gebackenen Waffeln, Printen und Glühwein liegt in der Luft, Maronen schmoren im Feuer, knusprige Reibekuchen werden gebraten und auf dem alten Karussell drehen Kinder fröhlich ihre Runden. In den liebevoll dekorierten Auslagen der Bäckereien entdeckt man das köstlichste Weihnachtsgebäck und der riesige Printenmann am Katschmarkt zaubert Groß und Klein ein Lächeln ins Gesicht.

Mit den feinsten Speisen aus der Aachener Winterküche begleitet dieses Buch stimmungsvoll durch die Vorweihnachtszeit und erfreut alle, die ihr Herz an diese Stadt verloren haben. Ob traditionelle Köstlichkeiten, herzhafte Wohlfühlküche oder festliches Gebäck: Genießen Sie mit uns gemeinsam die wunderbare Weihnachtszeit in Aachen!

Lütticher Waffeln

Das Besondere an den Lütticher Waffeln ist, dass sie aus süßem Hefeteig gebacken werden. Bekannt ist das Gebäck seit dem 18. Jahrhundert. Wir verfeinern den Teig nach belgischer Tradition mit Perlzucker.

Für 12 Stück

200 ml Milch
Mark von 1 Vanilleschote
40 g frische Hefe
500 g Mehl (Type 405)
50 g Zucker
1 Prise Salz
2 Eier
250 g zerlassene Butter
200 g belgischer Perlzucker oder Hagelzucker

Außerdem
Rapsöl für das Waffeleisen

Die Milch in einem Topf lauwarm erhitzen. Vanillemark zufügen. Die Hefe in die Milch bröseln und auflösen.

Mehl, Zucker und Salz in einer großen Rührschüssel vermischen. Eier, Butter und die Hefemilch zugeben und alles mit dem Handrührgerät oder der Küchenmaschine zu einem geschmeidigen Teig verkneten. Den Teig abgedeckt an einem warmen Ort mindestens 1 Std. gehen lassen. Zum Schluss den Perlzucker unterkneten.

Das Waffeleisen vorheizen und fetten. Den Teig portionsweise zu Waffeln ausbacken. Da der Hagelzucker im Waffeleisen karamellisiert, am besten das Waffeleisen zwischendurch säubern.

Tipp
Die Waffeln schmecken mit heißen Gewürzkirschen (siehe S. 18) oder mit Zucker und Zimt bestreut besonders gut.

Marzipanstollen

Marzipanstollen gehört traditionell in die Aachener Advents- und Weihnachtszeit. Lassen Sie den Stollen luftdicht verpackt mindestens zehn Tage an einem kühlen Ort ziehen, bevor Sie ihn anschneiden. So können sich die Aromen wunderbar entfalten.

Sultaninen und Rum mischen und ziehen lassen. Marzipan und Puderzucker verkneten und zu einer länglichen Rolle formen.

Die Hefe in der Milch auflösen. 1 TL Zucker unterrühren. Gesiebtes Mehl, den restlichen Zucker, Vanillezucker und Gewürz in einer Schüssel vermischen. Mittig eine Mulde formen. Hefemilch hineingießen und mit etwas Mehl bedecken. Abgedeckt 15 Min. ruhen lassen. Butter, Ei, Eigelb und Salz zugeben und alles zu einem glatten Teig verkneten. Abgedeckt 30 Min. gehen lassen.

Sultaninen abtropfen lassen, mit Orangeat, Zitronat, Mandeln und Zitronenabrieb mischen und in den Teig einarbeiten. Den Teig abgedeckt 1–2 Std. gehen lassen, bis sich das Volumen verdoppelt hat.

Den Teig auf einem mit Backpapier ausgelegten Backblech zu einem länglichen Laib formen. Marzipan in die Mitte legen, eine Teigseite darüberklappen und festdrücken. Die Stollenenden zusammendrücken. 30 Min. gehen lassen. Den Backofen auf 190 °C vorheizen.

Den Stollen auf der 2. Schiene von unten 10 Min. backen, anschließend die Temperatur auf 170 °C reduzieren und den Stollen 40 Min. backen. Gegen Ende der Backzeit mit Alufolie abdecken, wenn die Oberfläche zu dunkel werden sollte. Den Stollen herausnehmen, noch warm mit Butter bepinseln und mit Zucker bestreuen. Vor dem Servieren mit Puderzucker bestäuben.

Tipp
Damit der Stollen nicht flach und breit wird, können Sie ihn beim Backen mit einer Kastenkuchenform an einer Seite stützen.

Für 1 Stollen

180 g Sultaninen
50 ml Rum
200 g Marzipanrohmasse
30 g Puderzucker
40 g frische Hefe
180 ml lauwarme Milch
60 g Zucker
500 g Mehl (Type 405) plus etwas zum Verarbeiten
1 Pck. Vanillezucker
1 TL Stollengewürz
220 g weiche Butter
1 Ei (Gr. M)
1 Eigelb
1 Prise Salz
80 g Orangeat, fein gehackt
50 g Zitronat, fein gehackt
50 g Mandeln, gehackt
1 TL Bio-Zitronenabrieb

Außerdem
100 g zerlassene Butter
30 g Zucker
60 g Puderzucker

Husarenkrapfen mit Pflümli

Die Mürbeteigplätzchen mit der Füllung aus Pflaumenkonfitüre sind auch als Engels- oder Ochsenaugen bekannt. Statt mit Mandeln können Sie sie auch mit gemahlenen Haselnüssen backen.

Mehl, Mandeln und Zucker in einer Schüssel vermischen. Die Butter und das Ei zufügen und die Zutaten mit dem Handrührgerät oder in der Küchenmaschine zu einem geschmeidigen Teig verkneten. Nicht zu lange kneten, sonst wird der Teig brüchig. Den Mürbeteig in Frischhaltefolie wickeln und 1 Std. kalt stellen.

Zwei Backbleche mit Backpapier auslegen und den Backofen auf 180 °C vorheizen. Aus dem Teig ca. 2 cm große Kugeln formen. Die Kugeln etwas flach drücken und mit einem Kochlöffelstiel vorsichtig Mulden hineinformen. Pflaumenkonfitüre in die Mulden geben. Die Krapfen auf die Backbleche setzen, die Bleche nacheinander in den Ofen schieben und die Krapfen jeweils 10–12 Min. backen. Herausnehmen und sofort etwas Puderzucker darübersieben. Auskühlen lassen.

Tipp

Anstatt Pflaumenkonfitüre können Sie auch Erbeerkonfitüre oder Orangenmarmelade verwenden. Auch Kompott ist als Füllung geeignet.

Für 30 Stück

200 g Mehl (Type 405) plus etwas zum Verarbeiten
100 g gemahlene Mandeln
90 g Zucker
180 g kalte Butter
1 Ei (Gr. M)
ca. 80 g Pflaumenkonfitüre
Puderzucker zum Bestäuben

Printencreme mit Gewürzkirschen und Rumrosinen

Kirschen mit weihnachtlichen Gewürzen, feiner Mascarponecreme und traditionellen Aachener Printen – der perfekte Abschluss für ein festliches Weihnachtsmenü.

Für 6 Portionen

Für die Gewürzkirschen
1 Glas Sauerkirschen (175 g Abtropfgewicht)
20 g Speisestärke
1 EL Zucker
1 Zimtstange
1 Prise gemahlene Gewürznelke
½ TL gemahlener Kardamom
1 TL Bio-Orangenabrieb

Für die Printencreme
250 g Mascarpone
400 g Schmand
150 g Joghurt (3,5 % Fett)
60 g Zucker
2 EL Vanillezucker
1 EL Printengewürz (siehe S. 38)

Außerdem
je 2 EL Rosinen und Rum
4–5 Aachener Printen
6 Gläser

Für die Gewürzkirschen die Kirschen mit dem Saft in einen Topf geben. Etwas Saft mit einem Löffel abnehmen und die Speisestärke in einer Schüssel damit glatt rühren. Die Kirschen mit Saft, Zucker, Gewürzen und Orangenabrieb aufkochen. Die Speisestärke mit dem Schneebesen unterrühren und die Flüssigkeit 2–3 Min. bei niedriger Temperatur köcheln. Abkühlen lassen und die Zimtstange entfernen.

Für die Printencreme Mascarpone, Schmand, Joghurt, Zucker, Vanillezucker und Printengewürz verrühren.

Die Rosinen in einer Schüssel mit dem Rum mischen und etwas ziehen lassen. Die Aachener Printen in einen Gefrierbeutel geben und vorsichtig mit dem Nudelholz zerbröseln, alternativ in der Küchenmaschine zerkleinern.

In die Gläser zuerst eine Schicht Gewürzkirschen geben, darauf etwas Printencreme verteilen und darüber Printenbrösel und Rosinen geben. Darüber wieder etwas Printencreme verteilen und zum Schluss Kirschen, Printenbrösel und Rumrosinen einfüllen.

Tipp
Sie können das Dessert zum Schluss auch noch mit Schokoraspeln bestreuen.

Streuselbrötchen

Süß, buttrig und einfach lecker – diese Aachener Milchbrötchen mit ihrer leichten Zimtnote sind nicht nur zum Frühstück verführerisch.

Für den Hefeteig die Milch in einem Topf lauwarm erhitzen, Hefe und Butter zufügen und umrühren, bis sich die Hefe aufgelöst hat. Mehl, Zucker, Salz, Ei und Eigelb in eine Rührschüssel geben, die Hefemilch zufügen und die Zutaten mit dem Handrührgerät oder in der Küchenmaschine verkneten. Den Hefeteig abgedeckt an einem warmen Ort ca. 1 Std. gehen lassen, bis sich das Teigvolumen verdoppelt hat.

In der Zwischenzeit für die Streusel Mehl, Butter, Zucker und Zimt mit den Händen zu groben Streuseln verarbeiten.

Aus dem Hefeteig 10 Brötchen formen und auf ein mit Backpapier ausgelegtes Backblech setzen. Das Eiweiß mit dem Schneebesen ein wenig aufschlagen und die Brötchen damit bepinseln. Die Streusel auf den Brötchen verteilen und leicht andrücken. Die Brötchen 15 Min. gehen lassen. Den Backofen auf 180 °C (Umluft) vorheizen und die Streuselbrötchen 10–15 Min. goldgelb backen.

Für 10 Stück

Für den Hefeteig
200 ml Milch
30 g frische Hefe
50 g Butter
400 g Mehl (Type 550)
50 g Zucker
1 Prise Salz
1 Ei (Gr. M)
1 Eigelb

Für die Streusel
150 g Mehl (Type 550)
150 g kalte Butter
150 g Zucker
½ TL Zimt

Außerdem
1 Eiweiß

Schwatze Flaam

Seine dunkle Farbe bekommt der „Schwarze Fladen", weil für den Belag getrocknetes Obst verwendet wird. Wegen der dunklen Füllung heißt der Hefekuchen auch „Kohlenstaubkuchen".

Für 12 Stücke

Für den Belag
250 g getrocknete Birnen
100 g getrocknete Äpfel
100 g getrocknete Pflaumen
1 EL Zucker
1 TL gemahlener Anis
1 TL gemahlener Koriander
1 Prise frisch geriebene Muskatnuss
3 EL Zuckerrübensirup

Für den Hefeteig
125 ml Milch
20 g frische Hefe
50 g Zucker
250 g Mehl (Type 405) plus etwas zum Verarbeiten
50 g Butter plus etwas für die Form
1 Prise Salz

Außerdem
Tarteform (⌀ 28 cm)
Hagelzucker zum Bestreuen

Die Trockenfrüchte über Nacht in 200 ml Wasser einweichen.

Für den Hefeteig die Milch lauwarm erhitzen und die Hefe darin auflösen. Die restlichen Zutaten mit der Hefemilch in einer Schüssel mit dem Handrührgerät oder in der Küchenmaschine zu einem glatten Teig verkneten. Den Teig abgedeckt an einem warmen Ort 45 Min. gehen lassen.

In der Zwischenzeit für den Belag die eingeweichten Trockenfrüchte mit dem Einweichwasser, Zucker und Gewürzen in einen Topf geben und weich kochen. Das kann bis zu 20 Min. dauern. Die Mischung anschließend sämig pürieren und den Zuckerrübensirup untermischen. Sollte die Masse zu fest sein, etwas Wasser zufügen.

Den Backofen auf 180 °C (Umluft) vorheizen. Den Hefeteig gut durchkneten und auf der bemehlten Arbeitsfläche dünn rund ausrollen. Die Tarteform fetten und mit Mehl ausstäuben. Den Hefeteig in die Form geben und den Rand hochziehen. Den Belag auf dem Teigboden verteilen und mit einem gezackten Teigspachtel ein Muster ziehen, dabei den Spachtel am äußeren Rand ansetzen, die Form drehen und den Spachtel bis zur Mitte führen. 20 Min. backen, bis der Teig leicht braun ist. Herausnehmen und auskühlen lassen. Vor dem Servieren mit Hagelzucker bestreuen.

Tipp
Falls Sie keine getrockneten Birnen zur Hand haben, können Sie stattdessen auch eine Trockenobstmischung verwenden.

Aachener Reisfladen

Der Reisfladen gehört zu den beliebtesten Kuchen in Aachen und Umgebung. Der gehaltvolle Hefekuchen mit dem Milchreisbelag schmeckt gut mit Fruchtsoße oder Kompott.

Für den Hefeteig die Milch lauwarm erhitzen und die Hefe darin auflösen. Die Hefemilch mit den restlichen Zutaten in einer Schüssel mit dem Handrührgerät oder in der Küchenmaschine zu einem glatten Teig verkneten. Den Teig abgedeckt an einem warmen Ort 1 Std. gehen lassen.

In der Zwischenzeit für den Belag die Milch aufkochen. Milchreis, Vanillemark und Salz zufügen. Die Hitze reduzieren und den Milchreis bei niedriger Temperatur 35 Min. köcheln, dabei gelegentlich umrühren. In den fertigen Milchreis Zucker und Kardamom rühren. Den Milchreis in eine Schüssel füllen und die Oberfläche mit Frischhaltefolie abdecken, damit sich keine Haut bildet. Im Kühlschrank auskühlen lassen. Anschließend die Eier trennen und die Eigelbe mit dem Zitronenabrieb in den kalten Milchreis rühren. Die Eiweiße steif schlagen und unterheben.

Den Hefeteig durchkneten und in 2 Hälften teilen; es wird nur 1 Teighälfte verwendet (siehe Tipp). Den Teig auf der bemehlten Arbeitsfläche rund ausrollen. Die Form fetten und mit Mehl ausstäuben, den Teig hineingeben, den Rand 3 cm hochziehen und andrücken. Abgedeckt 1 Std. in den Gefrierschrank stellen.

Den Backofen auf 180 °C (Umluft) vorheizen. Die Reismasse auf den gefrorenen Teigboden geben und den Fladen 25 Min. backen. Die Ofentemperatur auf 200 °C erhöhen und den Fladen weitere 20–25 Min. goldgelb backen. Falls die Oberfläche zu dunkel wird, den Kuchen mit Alufolie abdecken. Herausnehmen und lauwarm genießen.

Tipp
Die andere Teighälfte lässt sich gut für einen zweiten Reisfladen in einer Springform einfrieren oder für den Schwatze Flaam (siehe S. 24) verwenden.

Für 12 Stücke

Für den Hefeteig
150 ml Milch
20 g frische Hefe
20 g Zucker
50 g Butter plus etwas für die Form
400 g Mehl (Type 405) plus etwas zum Verarbeiten
1 Ei (Gr. M)
1 Prise Salz

Für den Belag
1 l Milch (3,5% Fett)
150 g Rundkornreis (Milchreis)
Mark von 1 Vanilleschote
1 Prise Salz
180 g Zucker
1 Prise gemahlener Kardamom
3 Eier (Gr. M)
Abrieb von ½ Bio-Zitrone

Außerdem
Springform (⌀ 26 cm)

Hefezopf mit Quark-Zimt-Füllung

Hefegebäck zu Feiertagen hat in Aachen eine lange Tradition. An Ostern ist etwa der „Poschweck" nicht wegzudenken. Wer nicht so lange warten möchte, backt zu Weihnachten diesen Hefezopf mit saftiger Quark-Zimt-Füllung als eine Art „weihnachtlichen Poschweck".

Für 1 Hefezopf

Für den Hefeteig
200 ml Milch
80 g Butter
20 g frische Hefe
80 g brauner Zucker
450 g Dinkelmehl (Type 630) plus etwas zum Verarbeiten
1 Ei (Gr. M)
1 Prise Salz

Für die Füllung
250 g Magerquark
1 Eigelb
Abrieb von 1 Bio-Zitrone
1 TL Speisestärke oder Puddingpulver (optional)
1 TL Zimt
80 g brauner Zucker

Außerdem
Milch oder Sahne zum Bepinseln
Puderzucker zum Bestreuen

Für den Teig Milch mit Butter lauwarm erhitzen, bis die Butter geschmolzen ist. Die Hefe darin auflösen und 1 TL Zucker zufügen. 10 Min. ruhen lassen. Den restlichen Zucker mit gesiebtem Mehl, Hefemilch, Ei und Salz in der Küchenmaschine zu einem glatten Teig kneten. Wenn der Teig zu feucht ist, noch ein wenig Mehl zufügen. Den Teig abgedeckt 1–2 Std. an einem warmen Ort gehen lassen.

In der Zwischenzeit für die Füllung den Quark in ein Tuch oder feines Sieb geben und 1 Std. oder länger im Kühlschrank abtropfen lassen. Anschließend Eigelb und Zitronenabrieb mit dem Quark vermischen. Ist die Masse zu feucht, Stärke oder Puddingpulver unterrühren.

Den Hefeteig gut durchkneten und auf der bemehlten Arbeitsfläche rechteckig (ca. 30 cm x 40 cm) ausrollen. Mit der Quarkfüllung bestreichen. Zimt und Zucker mischen und darüberstreuen. Den Teig von der langen Seite aus fest aufrollen. Die Teigrolle längs in 2 Stränge schneiden. Die Stränge auf ein mit Backpapier ausgelegtes Backblech legen und miteinander verdrehen. Den Zopf 30 Min. abgedeckt gehen lassen.

Den Backofen auf 175 °C vorheizen. Den Zopf mit Milch oder Sahne bepinseln und 30 Min. backen. Auskühlen lassen und mit Puderzucker bestreuen.

Tipp
Wird der Zopf zum Neujahrsfest zubereitet, können Sie ihn ohne Füllung backen und eine Mandel darin verstecken. Den Zopf nach dem Backen mit Hagelzucker bestreuen. Wer die Mandel findet, hat im neuen Jahr Glück!

Belgische Schokoladentrüffel

Belgische Schokolade ist eine Gaumenfreude. Die selbst hergestellten Schokoladentrüffel machen sich in Papiertütchen oder Gläschen verpackt gut als verführerischer Gruß aus der Weihnachtsküche.

Die beiden Schokoladensorten fein hacken. Die Sahne aufkochen, den Topf vom Herd nehmen, die gehackte Schokolade und den Likör zugeben, einmal umrühren und die Mischung 3 Min. ruhen lassen. Die Butter mit dem Zucker schaumig rühren und unterziehen.

Die Masse mit Frischhaltefolie abgedeckt 2–3 Std. oder über Nacht in den Kühlschrank stellen.

Mit einem Löffel portionsweise Masse abstechen und daraus kleine Kugeln formen. Die Masse ggf. zwischendurch kalt stellen, wenn sie beim Verarbeiten zu weich wird. Die Kugeln in Kakaopulver wälzen und erneut abgedeckt kalt stellen, bis sie fest sind. Die Trüffeln im Kühlschrank aufbewahren und innerhalb von 1 Woche genießen.

Für 40 Stück

300 g dunkle Schokolade (Kakaogehalt mindestens 70 %)
100 g Vollmilchschokolade
200 ml Sahne
2 cl Kaffeelikör
50 g weiche Butter
20 g brauner Zucker
3–4 EL Kakaopulver

Tipp
Statt Kaffeelikör können Sie auch anderen Likör, hochwertige Spirituosen oder kalten Espresso verwenden.

Printen-Tiramisu

Der italienische Klassiker in neuem Gewand. Mit würzigen Printen anstelle des Biskuitbodens genau das richtige Dessert zum Wohlfühlen in der Winterzeit.

Für 6 Portionen

200 g Printen
200 ml Amaretto
100 ml kalter Espresso
500 g Mascarpone
300 g griechischer Joghurt
50 g brauner Zucker
1 Pck. Vanillezucker
etwas Milch (nach Bedarf)
2 EL Backkakao
1 TL Zimt

Außerdem

Auflaufform
(ca. 20 cm x 30 cm)

Die Printen in eine flache Auflaufform legen. Amaretto und Espresso mischen und über die Printen geben.

Mascarpone, Joghurt, Zucker und Vanillezucker in einer Schüssel mit dem Handrührgerät verrühren, ggf. etwas Milch zufügen, sollte die Creme zu fest sein. Die Mascarponecreme auf den Printen verteilen. Mit Frischhaltefolie abdecken und über Nacht in den Kühlschrank stellen.

Backkakao und Zimt vermischen und das Tiramisu vor dem Servieren damit bestreuen.

Tipp

Für eine alkoholfreie Variante ersetzen Sie den Amaretto durch Mandelsirup. Eine würzige Note bekommt das Tiramisu, wenn Sie die Kakao-Zimt-Mischung zum Bestreuen mit gemahlenem Kardamon oder Printengewürz (siehe S. 38) verfeinern. Zum Bestreuen können Sie auch Schokoraspel oder Printenbrösel verwenden.

Orangen-Printen-Likör

Hübsch verpackt eignet sich der Orangen-Printen-Likör als kleines Mitbringsel zu Weihnachten.

Für ca. 1 l Likör

200 g Kräuterprinten
500 ml Sahne
100 g Muscovadozucker
500 ml Korn oder Wodka
100 ml Orangensaft (ohne Fruchtfleisch)

Die Printen im Mixer fein zerkleinern. Die Sahne in einem Topf bei mittlerer Hitze erwärmen, aber nicht kochen. Zucker und gemahlene Printen zugeben und den Zucker unter Rühren auflösen. Die Mischung vom Herd nehmen und abkühlen lassen. Korn und Orangensaft zugeben. Den Likör sofort in kleine Flaschen füllen. Die Flaschen verschließen und kalt stellen.

Tipp
Im Kühlschrank gelagert ist der Likör drei Wochen haltbar. Dabei sollten Sie die Flaschen von Zeit zu Zeit schütteln, da sich die Printen unten absetzen. Statt Printen können Sie auch 2 TL Printengewürz (siehe S. 38) verwenden.

Aachener Printen

Oecher Printen hat bereits Karl der Große gegessen. Die „Original Aachener Printen" sind bis heute beliebt und mittlerweile sogar von der EU zertifiziert. Der Name „Printe" stammt von dem früheren Brauch, mit einer Art Holzstempel einen Abdruck (Print) im Teig zu erzeugen.

Für 30–40 Stück

Für das Printengewürz

2 Stück Sternanis
1 Muskatblüte
2 EL gemahlener Anis
1 EL Zimt
½ EL gemahlener Kardamom
1 EL gemahlener Koriander
½ TL gemahlene Nelke
¼ TL gemahlener Ingwer
½ EL gemahlener Piment

Für die Printen

400 g Zuckerrübensirup
1 EL Rum
150 g brauner Krümelkandis
50 g Orangeat, fein gehackt
1 TL Pottasche
600 g Mehl (Type 405) plus etwas zum Verarbeiten
90 g brauner Zucker
2 EL Printengewürz
½ TL Natron
1 Prise Salz

Für das Printengewürz die Samen aus den Sternaniskapseln lösen und mit der Muskatblüte im Mörser fein zerstoßen. 1 ½ TL der Mischung mit den restlichen Gewürzen mischen. Die Gewürzmischung in einem luftdicht verschlossenen Gefäß aufbewahren.

Für die Printen Zuckerrübensirup mit Rum und 4 EL Wasser in einem Topf aufkochen und gut umrühren. Den Topf vom Herd nehmen und Krümelkandis sowie Orangeat unterrühren. Die Pottasche mit 3 TL kaltem Wasser glatt rühren und zugeben. Mehl, braunen Zucker, Printengewürz, Natron und Salz in einer Rührschüssel vermischen. Die warme Sirupmischung zugeben und alles mit einem Kochlöffel oder in der Küchenmaschine zu einem glatten Teig verarbeiten. Den Teig in Frischhaltefolie wickeln und über Nacht im Kühlschrank ruhen lassen.

Den Backofen auf 175 °C vorheizen. Den Printenteig auf der bemehlten Arbeitsfläche 5 mm dick ausrollen und 7 cm x 4 cm große Rechtecke ausschneiden. Die Printen auf ein mit Backpapier ausgelegtes Backblech mit etwas Abstand zueinander legen und 15–20 Min. backen. Auf einem Kuchengitter auskühlen lassen.

Tipp

Die Printen nach Wunsch mit geschmolzener Kuvertüre überziehen. Mit Kuvertüre überzogene Printen, die einige Tage durchziehen, werden innen etwas weicher.

Der Printenwald

Emma saß in ihrem Büro hinter der Backstube. Sie war müde, sie hatte Rückenschmerzen und sie wartete auf eine Inspiration, die nicht kommen wollte. Ein Schaufensterwettbewerb. Sie hatte sich in die Schreibstube zurückgezogen, aber sie fühlte sich unkreativ. Ihre Gedanken schweiften wie so oft ab, und sie fragte sich zum tausendsten Mal, wie sie diese Bäckerei über die Runden bringen sollte.

Bäckerin in vierter Generation – das klang so gut und war doch so schwer. Nie hätte sie gedacht, dass sie mit vierunddreißig hier sitzen würde. Vor zwei Jahren war ihr Vater gestorben. Alles hatte er selbst gemacht – die Brote und Weckchen, die Kuchen und Tartes, die Einkäufe, die Buchhaltung, die Steuer. Niemand hätte ihre Bäckerei für ein schlechtes Geschäft gehalten – in einer Seitenstraße der Aachener Altstadt gelegen, gar nicht weit vom Dom, nach dem Krieg gegründet von ihrem Urgroßvater, mit dem Verkaufsraum und einer Wohnung über der Backstube, in der sie groß geworden war und für die sie keine Miete zahlen musste. Hier lebte Emma mit ihrer Tochter Alma. Beim Gedanken an Alma musste Emma trotz aller Sorgen lächeln. Ihre quirlige, clevere Alma. Die Beziehung mit Almas Vater war zerbröselt, nachdem Emma die Bäckerei übernommen hatte.

Die Tür schob sich einen Spalt auf und Tristan lugte um die Ecke. „Emma, denkst du an den Schaufensterwettbewerb? Wir sollten da wirklich mitmachen." Emma seufzte „Jaja. Ich weiß." Sie hatte keine Idee für den diesjährigen Schaufensterwettbewerb in der Altstadt. Dabei würden die Rundgänge der Jury morgen beginnen. Das Preisgeld könnte sie wirklich gebrauchen. Tristan schaute sie nachsichtig an. „Denk noch etwas nach. Ich gehe so lange nach oben und schaue, ob Alma ihre Hausaufgaben macht."

Tristan war eigentlich ihr Mitarbeiter, aber wenn es nach Alma ging, war er eine Kombination aus Ratgeber, Nachhilfelehrer und Tröster in allen Lebenslagen. Wie ein großer Bruder. Tristan – man fragte sich, was sich seine Mutter bei diesem Namen gedacht hatte – hatte mal Mathematik studiert, dann aber auf Biologie und Geschichte umgesattelt und nach dem Referendariat beschlossen, doch nicht Lehrer werden zu wollen. Also hatte er als Aushilfe in Emmas Bäckerei angefangen. Eigentlich hatte er nur so lange bleiben wollen, bis er sich überlegt hatte, was er eigentlich wollte. Und da war er nun nach ein paar Jahren immer noch. Er war unersetzlich geworden, backte, verkaufte, schleppte Mehlsäcke, putzte, hörte zu und war auch bei den Kunden sehr beliebt. Zum Glück machte er auch keine Anstalten, zu gehen und irgendeine Karriere zu verfolgen. Emma war froh darüber, auch wenn sie wusste,

dass sie ihn nicht angemessen bezahlen konnte, und Alma hatte ihn so gut wie adoptiert. Worauf Emma nie gekommen war: Tristan war schon lange ein kleines bisschen in sie verliebt, hatte aber nie ein Wort darüber verloren.

Emma lebte für ihren Beruf. Schon als Kind hatte sie die Backstube geliebt, wo es immer nach Hefe und Brotkruste und Karamell roch. Ihre Großmutter und ihr Vater hatten ihr die verschiedenen Teige und Formen gezeigt und ihr beigebracht, woran man gutes Mehl erkennt oder wann ein Teig lang genug geruht hat.

Besonders gern mochte sie die speziellen Backwaren, die zu Feiertagen hergestellt wurden. In Aachen gab es zu Ostern den Poschweck und die Osterlämmer mit ihrer Puderzuckerwolle, die Berliner und Mutzenmandeln zum Karneval, die Neujahrswecken, die Schulkinder sich früher bei ihren Paten abholen mussten, und die Weckmänner mit ihren weißen Tonpfeifen zu Sankt Martin und Nikolaus. Ihre Urgroßmutter erinnerte sich noch an das „Weckschnappen" um Weihnachten, bei dem Kinder mit dem Mund nach einem Wecken schnappten, der an einer Angel hing.

Dann gab es natürlich den Inbegriff der Aachener Backwaren – die Printen. Mit ihrem dunkelherben Kräutergeschmack und den Kandiskrümeln, an denen man sich fast die Zähne ausbiss, hatte Emma sie als Kind am wenigsten gemocht. Nur dem Schokoladenüberzug konnte sie etwas abgewinnen. Ihre Großmutter hatte ihr zwar erzählt, dass die Printe ein Nachkomme des Spekulatius war und wie dieser ursprünglich in Modeln, also Formen aus Holz, zu vielen unterschiedlichen Figuren und Gestalten geformt worden war. Trotzdem fand die kleine Emma sie recht langweilig.

Aber natürlich waren die Printen der Stolz jeder Aachener Bäckerei. Auch ihr Vater hatte sein eigenes Rezept, das er Emma erst verraten hatte, als sie alt genug war, dieses Geheimnis zu schätzen und zu hüten. Als Scherz hatte sie ihm einmal sogar zu Ostern einen Printenhasen gebacken. Ihr Vater hatte gelacht. Aber so ein Osterhase konnte ihr Problem des Schaufensterwettbewerbs auch nicht lösen, schließlich stand der Advent vor der Tür.

All das Grübeln half nichts. Emma ging hinauf in ihre Wohnung, wo sie am Küchentisch Alma und Tristan fand. Tristan war als Biologiestudent ein Fan von Fischen und allen möglichen Wasserwesen geworden und besaß zu Hause nicht nur ein Aquarium, sondern auch eine Schildkröte, die er in einem Anflug von Ironie seiner Wagner liebenden Mutter gegenüber auf den Namen Isolde getauft hatte. Zu Almas Entzücken brachte er Isolde manchmal mit „ins Büro". Auch heute erahnte Emma einen

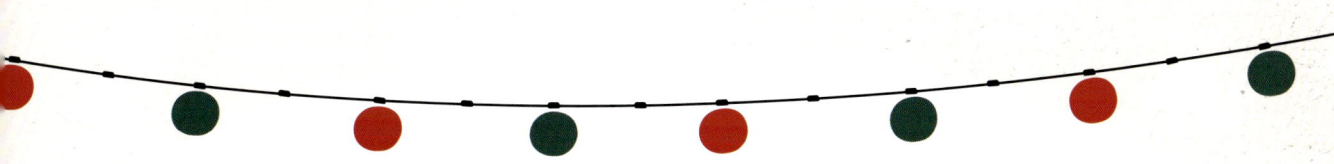

Weihnachtsbäckerei

Schemen unter dem Küchentisch, der ein Salatblatt mümmelte.

Während Emma sich daranmachte, das Abendessen vorzubereiten, hörte sie mit halbem Ohr auf Almas und Tristans Unterhaltung. Es ging um das Krippenspiel an Almas Schule, das traditionell die dritte Klasse aufführte. Nicht nur sollte Alma dieses Jahr einen Hirten spielen – was für die kleine Plaudertasche gar nicht so leicht werden würde, weil es keine Sprechrolle war –, sie gehörte auch dem Team an, das die Kulissen gestaltete. Sowohl Alma als auch Tristan hatten Zeichenblöcke vor sich liegen und versuchten, Hintergründe für das Krippenspiel zu skizzieren.

„Wo spielt denn euer Stück?" „Im Wald." „Im Wald? Aber steht nicht in der Bibel was von Schafen und Weiden? Ich dachte immer, die sitzen auf dem kahlen Berg?" „Nein. Bei uns ist es ein Wald. Ein Weihnachtswald ist doch viel schöner. Aber ich weiß nicht, wie wir die Bäume bauen sollen." „Na ja, wie wäre es, wenn ihr die Bäume aus Pappkarton ausschneidet und von hinten einen Keil anklebt, damit sie aufrecht stehen?" „Aber das ist doch öde. Das machen doch alle!"

Eine Weile war es still, und Emma hörte Bleistifte über Papier kratzen. Dann sagte Tristan: „Ich hatte als Kind eine Laubsäge. Da gab es eine Methode, zwei gleich große Platten in Tannenbaumform auszusägen und dann in der Mitte in eine Platte einen Schlitz von unten zu schneiden und in die andere einen von oben. Dann steckte man die zwei Platten zusammen und hatte einen vierseitigen Baum. Vielleicht geht das auch mit festem Pappkarton?" „Das müssen wir probieren! Mama! Hast du Pappkarton?"

Wie die meisten Mütter war Emma auf alle spontanen Bastelaktionen vorbereitet. Während sie kochte, schaute sie den beiden über die Schulter und sah, wie tatsächlich nach kurzer Zeit ein ganz ansehnlicher Tannenbaum auf dem Tisch stand.

Später, als Alma im Bett und Tristan gegangen war, saß Emma in der Küche und schaute den Kulissenbaum an. Sogar grün angemalt hatten die beiden ihn noch. Eigentlich ein simples System, dieses Zusammenstecken. Da kam ihr eine Idee. Schließlich hatte sie ja ein Schaufenster zu dekorieren. Sie ging hinunter in die Backstube und suchte die Zutaten für Printen zusammen. Viele waren es nicht, Printen sind ein Gebäck aus ärmeren Zeiten. Dann warf sie die Teigknetmaschine an und fertigte aus Papier eine Baumschablone. Und als der Teig ausgerollt war, schnitt sie etliche Tannenbäume aus, verpasste der einen Hälfte einen Schlitz von unten und der anderen Hälfte einen Schlitz von oben und schob alles in den Ofen. Das fertige Gebäck versuchte sie vorsichtig zusammenzustecken. Es funktionierte! Vor ihr standen Printenbäume.

Daraus musste doch etwas zu machen sein. Während sie dastand und überlegte, wie sie nun weiter vorgehen sollte, ging die Tür auf. „Emma? Ich habe Licht gesehen. Was machst du denn noch hier?" Tristan schaute sie verwundert an. „Ich hatte da so eine Idee. Du hast doch gesagt, wir sollten an dem Schaufensterwettbewerb teilnehmen." „Ja, und ich muss dir auch gestehen, ich habe heimlich das Teilnahmeformular ausgefüllt. Wir sind auf jeden Fall im Rennen." Emma erschrak ein bisschen. Davon hatte Tristan ihr gar nichts gesagt, wahrscheinlich, weil er wusste, sie würde so lange zögern, bis es zu spät war. Aber nun war es so. Kurz stellte sie sich noch mal vor, wie sehr ihr das Preisgeld der Bäckerinnung helfen würde, all ihre Rechnungen zu bezahlen, und fasste sich ein Herz. „Schau mal. Als ihr über die Kulissen für Almas Krippenspiel geredet habt, kam mir eine Idee. Meinst du, wir könnten daraus was machen?"

„Ein Weihnachtswald?" „Ja, so was in der Art." „Das ist doch eine Superidee! Aber wir brauchen viel mehr Bäume." „Und ein Reh." „Und einen Hasen." „Besser drei." „Stimmt." „Warum nicht gleich auch eine Krippe? Wenn ein Krippenspiel im Wald stattfinden kann ..."

Sie machten sich an die Arbeit. Die ganze Nacht brannte in der Backstube das Licht. Gemeinsam rollten sie Teig, schnitten Bäume und Tiere aus, backten und glasierten sie und steckten sie zusammen. Wenn sie müde wurden, kochten sie noch einen Kaffee und malten sich aus, was Alma am nächsten Tag für Augen machen würde. Und tatsächlich tappte das Kind gegen vier Uhr die Treppe herunter, barfuß und verwundert, dass ihre Mutter nicht in der Wohnung war. Als Alma den Printenwald sah, klatschte sie in die Hände. „Aber Mama, da fehlt der Schnee! Da muss noch Zuckerguss drauf!", rief sie mit leuchtenden Augen. Emma drückte ihr eine Tülle mit Zuckerguss in die Hand. „Dann tobe dich mal aus." Sie wusste, dass es keinen Sinn hatte, ihre Tochter in diesem Zustand der Begeisterung zurück ins Bett zu schicken, und außerdem hatte Alma schon immer ein Faible fürs Dekorieren gehabt.

Im Morgengrauen trugen sie ihre Werke in den Verkaufsraum, räumten das Schaufenster leer und begannen, ihren Printenwald aufzubauen. Emma war stolz, aber auch todmüde. Nicht nur hatte sie die ganze Nacht eine Winterszene aus Printenteig gebacken, sondern nebenbei auch noch die üblichen Brote und Brötchen. Die Kundschaft war jeden Tag hungrig.

So stand sie nun im Laden. Tristan hatte sie nach Hause geschickt, damit er ein paar Stunden schlafen konnte. Schon kamen die ersten Passanten vorbei. Viele blieben stehen. Vor allem Eltern

mit Kindern, die konnten sich gar nicht sattsehen an ihrem Printenwald. Ein kleiner Junge zog seinen Vater in den Laden und sagte: „Ich möchte bitte so eine Schildkröte aus dem Schaufenster haben." Emma sah ihn verwundert an. „Aber da sind doch gar keine Schildkröten. Wir haben Hasen und Rehe, aber die sind leider auch nicht für den Verkauf bestimmt." „Aber doch! Da ist eine Schildkröte im Wald!" Der Vater des Jungen blickte entschuldigend zu Emma. „Sie müssen verstehen, mein Sohn möchte unbedingt eine Schildkröte haben, seine Mutter möchte aber kein Haustier. Seit Wochen liegt er uns in den Ohren, dass er sich eine Schildkröte zu Weihnachten wünscht. Da dachte ich, wenigstens eine Printenschildkröte könnte ich ihm kaufen." „Aber wir haben doch gar keine." „Doch! Habt ihr wohl!" Der kleine Junge zog Emma am Arm aus dem Laden.

Da stand sie nun und betrachtete ihr Schaufenster. Und wahrhaftig, da hockte neben den Hasen und Rehen eine Schildkröte in der Auslage, vor den Printenbäumen. Tristan musste sich einen Scherz erlaubt haben, und sie hatte es im Arbeitseifer gar nicht bemerkt. Alma hatte sich besondere Mühe gegeben, den Panzer mit Zuckerguss nachzuzeichnen, und sie hatte der Schildkröte ein ganz unamphibisches Lächeln ins Gesicht gemalt.

Emma musste ebenfalls lächeln. Sie sah den kleinen Jungen an und seinen Vater. „Es tut mir leid, mein Kleiner. Ich kann dir die Schildkröte nicht verkaufen. Wir machen nämlich bei einem Schaufensterwettbewerb mit." Der Junge aber schaute sie so betrübt an, dass sie hinzufügte: „Wenn du morgen wiederkommst, backe ich dir bis dahin eine neue." „Und kannst du mir auch eine für meine beste Freundin backen?" „Ja, das mache ich."

Den ganzen Tag blieben Menschen vor dem Schaufenster stehen und kamen anschließend in die Bäckerei, um nach der Printenschildkröte in der Auslage zu fragen. Emma musste alle auf den nächsten Tag vertrösten. Als Tristan mittags auftauchte, schickte Emma ihn in die Backstube, um Schildkröten zu backen. Und als Alma aus der Schule kam, ließ sie es sich nicht nehmen, die Panzer und Gesichter mit Zuckerguss zu dekorieren. Die echte Isolde bekam zur Feier des Tages eine Portion Rucola zu ihrem Salatblatt. Ansonsten war sie von ihrem plötzlichen Ruhm ganz unbeeindruckt.

Am nächsten Tag flogen die Schildkröten nur so aus dem Regal. Es war, als hätten alle Aachener sich verschworen, nun genau dieses Weihnachtsgebäck haben zu wollen. Emma und Tristan kamen mit der Produktion kaum nach.

Kurz vor Weihnachten hatte der Schildkrötenboom so viel Geld in ihre Kasse gespült, dass Emma alle ausstehenden Rechnungen bezahlen konnte. Als sie den Brief von der Bäckerinnung bekam, dachte sie, es sei eine weitere Rechnung, und machte ihn mit mulmigem Gefühl auf. Dann aber hellte sich ihre Miene auf. Sie rannte hinüber in den Verkaufsraum, reichte ihn Tristan und lehnte sich an den Tresen, während er das Schreiben las. Tristan schaute sie an. „Wir haben gewonnen", sagte er verwundert. „Wir haben wirklich gewonnen!" Und plötzlich lagen sie sich in den Armen …

Kurz vor Heiligabend gingen Emma und Tristan zum Krippenspiel in Almas Schule. Das Kulissenteam hatte ganze Arbeit geleistet: Man sah die Hirten vor lauter Bäumen kaum. Aber es waren ja auch keine Sprechrollen. Alma war viel zu aufgeregt, um hinter ihrem Baum hervorzulugen und ins Publikum zu schauen, aber was sie gesehen hätte, hätte ihr gefallen. Da saßen ihre Mutter und Tristan und hielten im Dunkeln Händchen. Wie Teenager.

Zu Heiligabend hatten Emma und Alma Tristan ‹eingeladen. Isolde saß unter dem Tisch. Alma hatte ihr eine rotgoldene Weihnachtsschleife mit einem Glöckchen umgebunden; aber auch an Weihnachten aß das Tier am liebsten Salat. Die Bäckerei hatte geschlossen, und es gab nichts mehr zu backen, vorzubereiten oder sauber zu machen.

Bei der Bescherung fand Tristan unter dem Weihnachtsbaum ein Päckchen mit der Aufschrift „Für Tristan, von Alma". Als er es öffnete, hielt er einen Reiseführer in der Hand und ein von Alma gemaltes Bild, das eine Insel zeigte und beschriftet war mit den Worten: „Wenn ich groß bin, fahren wir auf die Galapagosinseln. Zu den Schildkröten!" Alma strahlte ihn an. Und dann reichte ihm Emma auch noch einen Umschlag. Darin befand sich ein Jahresfamilienabonnement für den Aachener Tierpark. Das Wort „Familie" hatte sie zweifach rot unterstrichen. Und nun strahlten sie alle. Wie die Honigkuchenpferde. Oder die Printenschildkröten.

Alexa Nieschlag

Aachener Sauerbraten mit Printen und Rosinen

Früher war der Sauerbraten ein Arme-Leute-Essen, heute ist er in vielen Regionen Deutschlands beliebt. Die Printen machen diesen Sauerbraten zum echten Oecher Suurbrödem und zum perfekten Sonntagsessen.

Für 4 Portionen

Für die Marinade
- ¼ Sellerieknolle
- 2 Möhren
- 1 Stange Lauch
- 2 Zwiebeln
- 3 Gewürznelken
- 2 Lorbeerblätter
- 10 Pfefferkörner
- 4 Wacholderbeeren
- 4 Pimentkörner
- 1 Stück Sternanis
- 1 TL Zucker
- 300 ml Weißweinessig
- 500 ml Rotwein

Für den Braten
- 1,5 kg Rindfleisch aus der Nuss
- Salz, Pfeffer
- 2 EL Butterschmalz
- 100 g Printen
- 500 ml Rinderfond
- Rotwein (optional)
- 80 g Rosinen
- 1 gekochte Kartoffel
- 2 EL Zuckerrübensirup

Für die Marinade Sellerie und Möhren schälen und mit dem Lauch in kleine Stücke schneiden. Die Zwiebeln schälen und würfeln. Die Gewürze in ein Würzsäckchen oder einen Teefilter füllen und mit dem Gemüse und dem Zucker in einen Topf geben. Essig, Wein und 500 ml Wasser zufügen und aufkochen.

Für den Braten das Fleisch abspülen, trocken tupfen und in einen großen Topf legen. Die heiße Marinade angießen. Abgedeckt im Kühlschrank sieben Tage ziehen lassen, dabei das Fleisch von Zeit zu Zeit in der Marinade wenden.

Am Tag der Zubereitung den Backofen auf 180 °C vorheizen. Das Fleisch aus der Marinade nehmen, trocken tupfen, mit Salz und Pfeffer rundherum würzen und in einem Bräter in heißem Butterschmalz von allen Seiten scharf anbraten. Die Marinade mit dem Gemüse und den Gewürzen zufügen. Die Printen zerbröseln und zufügen. Rinderfond angießen. Das Fleisch sollte zu drei Vierteln in der Flüssigkeit liegen, evtl. etwas Rotwein zugeben. Den Deckel auflegen und den Braten 2 Std. im Backofen garen, dabei ein bis zwei Mal wenden und ggf. etwas Rotwein oder Wasser nachfüllen. Die Rosinen in etwas Wasser einweichen.

Braten und Gewürzsäckchen aus dem Bräter nehmen und den Braten warm halten. Kartoffel reiben, mit Zuckerrübensirup in den Sud geben und pürieren. Die Soße mit Salz und Pfeffer würzen, zum Schluss die Rosinen zugeben. Den Sauerbraten in Scheiben schneiden und mit der Soße servieren. Dazu passen Kartoffeln und Rotkohl.

Tipp
Den Rotwein können Sie durch Traubensaft oder Rinderfond ersetzen.

Oecher Morre-Jemös mit Woosch

Morre-Jemös kam früher meist nur bei armen Leuten auf den Tisch. Längst gehört der Möhrengemüse-Eintopf mit Wurst jedoch zu den Lieblingsgerichten der Aachener. Traditionell wird der winterliche Klassiker mit Mettwurst, aber auch mit Brat- oder Blutwurst serviert.

Die Zwiebel schälen und in feine Würfel schneiden. Die Möhren und Kartoffeln schälen und würfeln. Die Zwiebel in einem Topf in Butterschmalz glasig anschwitzen. Gemüse und Lorbeerblatt zufügen und die Brühe angießen. 15 Min. bei geschlossenem Deckel kochen.

Die Mettwürste an einigen Stellen leicht einpiksen und zugeben. Den Eintopf weitere 20 Min. köcheln lassen. Sollte am Ende der Garzeit zu viel Flüssigkeit vorhanden sein, diese abschöpfen. Die Würste herausnehmen und in Scheiben schneiden. Das Gemüse mit einem Stampfer grob zerdrücken, sodass noch Stückchen erkennbar sind. Butter zugeben und den Eintopf mit Pfeffer, Salz und Muskat würzen. Die Wurstscheiben zurück in den Topf geben.

Die Petersilie abbrausen, trocken tupfen, grob hacken und vor dem Servieren über den Eintopf streuen.

Tipp

Cremig-lecker wird das Morre-Jemös, wenn Sie zum Schluss einen Becher Schmand unterheben.

Für 4 Portionen

1 Gemüsezwiebel
800 g Möhren
800 g Kartoffeln (vorwiegend festkochend)
1 TL Butterschmalz
1 Lorbeerblatt
1 l Gemüsebrühe
6 Mettwürstchen
30 g Butter
Salz
frisch gemahlener schwarzer Pfeffer
frisch geriebene Muskatnuss
2 Stängel Petersilie

Kanapees mit Aachener Weihnachtsleberwurst

Die Aachener Weihnachtsleberwurst mit winterlichen Gewürzen, Nüssen und Printen ist eine Delikatesse und wird nur zur Weihnachtszeit verkauft. Nur Metzger aus Aachen dürfen sie herstellen und jede Metzgerei hat ihr eigenes Familienrezept. Die Kanapees stillen den kleinen Hunger vor der Bescherung an Heiligabend.

Für 30 Stück

2 EL Pinienkerne
1 Kugel Rote Bete, gegart
100 g Feldsalat
30 Cracker
300 g Aachener Weihnachtsleberwurst
Printengewürz (siehe S. 38)

Die Pinienkerne in einer Pfanne ohne Fett duftend rösten. Die Rote Bete in kleine Würfel schneiden. Den Feldsalat waschen und putzen.

Auf jeden Cracker etwas Leberwurst streichen, einige Rote-Bete-Würfel darauf verteilen und mit Feldsalat garnieren. Zum Schluss etwas Printengewürz darübergeben und mit 3–4 Pinienkernen dekorieren.

Tipp

Anstelle der Aachener Weihnachtsleberwurst können Sie auch eine normale, feine Leberwurst verwenden und mit weihnachtlichen Gewürzen und Nüssen kombinieren.

Rievkooche mit Apfelkompott

Rievkooche dürfen bei keinem Weihnachtsmarktbesuch fehlen. Die goldbraunen Kartoffelpuffer schmecken sowohl dünn und knusprig gebraten als auch innen weich und saftig. Mit einer Scheibe gedünstetem Apfel oder Blutwurst belegt, aber auch mit Rübenkraut oder Schwarzbrot sind sie ein Genuss und lassen sich gut vorbereiten.

Für das Apfelkompott die Äpfel schälen, vierteln, vom Kerngehäuse befreien und in mundgerechte Stücke schneiden. Mit etwas Zitronensaft beträufeln. Die Butter in einem Topf bei mittlerer Hitze schmelzen, aber nicht braun werden lassen. Die Apfelstücke zugeben, mit Zucker bestreuen und unter Rühren leicht rösten. Wasser angießen, gut umrühren und kurz aufkochen lassen, damit der Zucker karamellisiert. Zimtstange, Sternanis und Vanillezucker zugeben. Die Äpfel 8–12 Min. weich kochen, aber nicht zu breiig werden lassen. Zimtstange und Sternanis entfernen und das Kompott auskühlen lassen.

Für die Reibekuchen Zwiebel und Kartoffeln schälen. Die Kartoffeln mit der Gemüsereibe fein reiben und in einem Sieb über einer Schüssel gut abtropfen lassen, dabei das Kartoffelwasser auffangen, die Kartoffelstärke abschöpfen und beiseitestellen. Anschließend die Zwiebel fein reiben.

Die Kartoffeln und Zwiebel mit Eigelben und der Kartoffelstärke verrühren und kräftig mit Salz, Pfeffer und Muskat würzen. Wenn die Masse zu flüssig sein sollte, etwas Mehl zufügen.

Etwas Butterschmalz in einer beschichteten Pfanne bei mittlerer Temperatur erhitzen. Die Kartoffelmasse mit einem Esslöffel portionsweise ins heiße Fett geben, flach drücken und die Reibekuchen nacheinander von beiden Seiten goldbraun braten, möglichst nur einmal wenden. Die Reibekuchen mit Apfelkompott servieren.

Tipp
Wenn Sie die geriebenen Kartoffeln im Sieb mit Frischhaltefolie abdecken, werden sie nicht braun.

Für 8–10 Reibekuchen

Für das Apfelkompott
1 kg Äpfel (z. B. Boskop)
etwas Zitronensaft
25 g Butter
100 g brauner Zucker
300 ml Wasser
1 Zimtstange
1 Stück Sternanis
1 Pck. Vanillezucker

Für die Reibekuchen
1 große Gemüsezwiebel
1 kg Kartoffeln
(festkochend)
2 Eigelb
Salz
frisch gemahlener
schwarzer Pfeffer
frisch geriebene
Muskatnuss
etwas Mehl (nach Bedarf)
4 EL Butterschmalz

Sauerbratensülze

Für die Sülze lassen sich wunderbar die Sauerbratenreste vom Vortag verarbeiten. Zusammen mit Zucchini, Möhren, Sellerie, Lauch und Paprika wird daraus eine leckere Vorspeise oder ein herzhafter Aufschnitt für eine Brotzeit.

Für 4 Portionen

500 g Sauerbraten vom Vortag (siehe S. 48)
1 kleine Sellerieknolle
2 große Möhren
1 Zucchini
1 Stange Lauch
1 rote Paprikaschote
12 Blatt Gelatine
500 ml Rinderbrühe
50 ml Weißweinessig
50 ml trockener Weißwein
1 ½ TL Salz
frisch gemahlener schwarzer Pfeffer
1 Prise Zucker

Außerdem
1 Sternenausstecher
4 Weckgläser (à 250 ml Inhalt)

Das Fleisch in feine Scheiben schneiden. Sellerie und Möhren schälen und mit der Zucchini längs in feine Scheiben schneiden oder hobeln. Lauch putzen, halbieren und längs in feine Streifen schneiden. Die Paprika von Samen und Scheidewänden befreien und aus dem Fruchtfleisch mit einem Ausstecher Sterne ausstanzen. Das Gemüse in einem Topf mit Salzwasser nacheinander jeweils 2 Min. blanchieren, herausnehmen und in Eiswasser abschrecken.

Die Gelatine in kaltem Wasser einweichen. Die Rinderbrühe aufkochen, vom Herd nehmen, Essig und Wein zugeben und kräftig mit Salz und Pfeffer würzen. Zucker zufügen. Die Gelatine ausdrücken und in die Brühe geben. Mit einem Schneebesen kräftig durchrühren, bis sich die Gelatine aufgelöst hat.

Die Brühe zur Hälfte in mit Frischhaltefolie ausgelegte Weckgläser füllen. Zuerst Paprikasterne, dann Fleischscheiben, danach Gemüse hineinschichten und dies wiederholen, bis die Gefäße gefüllt sind. Zum Schluss die restliche Brühe zugeben. Abgedeckt über Nacht in den Kühlschrank stellen. Zum Verzehr aus dem Glas stürzen und auf Tellern anrichten.

Tipp
Als Gemüse können Sie auch Blumenkohl, Silberzwiebeln oder Essiggurken verwenden.

Ärpel un Schlaat

Bei Kartoffelbrei mit Endiviensalat werden Kindheitserinnerungen wach. Dieser Klassiker rheinischer Esskultur hat schon bei Oma genauso geschmeckt. Der aromatische und leicht bittere Endiviensalat ergibt mit dem Kartoffelstampf und dem Bacon eine gehaltvolle Mahlzeit.

Den Endiviensalat waschen, in feine Streifen schneiden und in eine Schüssel geben. Die Zwiebel schälen, fein würfeln und mit Öl, Essig, Senf, Salz und Pfeffer verrühren. Den Salat mit dem Dressing vermischen und ziehen lassen.

In der Zwischenzeit für den Kartoffelbrei die Kartoffeln schälen, vierteln, in Salzwasser ca. 20 Min. kochen, abgießen und kurz ausdampfen lassen. Milch mit der Butter in einem Topf bei niedriger Temperatur erwärmen. Die Kartoffeln mit einem Kartoffelstampfer zu Püree verarbeiten, dabei nach und nach Milch und Butter zugeben. Mit Muskat würzen. Den Stampf im Topf warm halten.

Den Bacon würfeln und in einer Pfanne ohne Fett knusprig anbraten. Den warmen Kartoffelstampf mit dem Endiviensalat mischen. Mit Salz und Pfeffer würzen und mit den Baconwürfeln garnieren.

Tipp

Anstelle von Endiviensalat können Sie auch Romana-Salat verwenden. Gebratene Puttes oder grobe Bratwurst schmecken gut zu Ärpel un Schlaat.

Für 4 Portionen

Für den Salat

1 kleiner Endiviensalat
1 Zwiebel
6 EL Rapsöl
6 EL Apfelessig
2 EL körniger Senf
Salz
frisch gemahlener schwarzer Pfeffer

Für den Kartoffelbrei

1,2 kg Kartoffeln (mehligkochend)
150 ml Milch
50 g Butter
frisch geriebene Muskatnuss

Außerdem

200 g Bacon in Scheiben

Deftige Erbsensuppe mit Bockwürsten

Eäzezupp, wie der Aachener sagt, ist ein Eintopf, der traditionell an Karneval gegessen wird. Da dieser Eintopf aber auch ein echter Seelenschmeichler ist, kommt er bei vielen Aachenern gern in der Winter- und Weihnachtszeit auf den Tisch.

Für 4 Portionen

1 l Gemüsebrühe
300 g getrocknete grüne Schälerbsen
1 Lorbeerblatt
300 g Kartoffeln (vorwiegend festkochend)
200 g Möhren
50 g Knollensellerie
100 g Speckwürfel
4 Bockwürste
1–2 EL Weinessig
Salz
frisch gemahlener schwarzer Pfeffer
1 Stängel Majoran

Die Gemüsebrühe aufkochen, Erbsen und Lorbeerblatt zufügen und die Brühe 40 Min. köcheln lassen. In der Zwischenzeit Kartoffeln, Möhren und Sellerie schälen und in mundgerechte Stücke schneiden. Das Gemüse in die Brühe geben und die Suppe weitere 20 Min. köcheln lassen.

Die Speckwürfel in einer Pfanne ohne Fett anbraten und mit den Würsten 5 Min. vor dem Ende der Garzeit in die Suppe geben. Die Erbsensuppe mit Essig, Salz und Pfeffer würzen.

Den Majoran abbrausen, trocken tupfen, die Blätter abzupfen und bis auf einige hacken. Den gehackten Majoran in die Suppe geben. Die Suppe auf Teller verteilen und mit den ganzen Majoranblättern garnieren.

Tipp

Zu der Erbsensuppe passt auch Kassler gut. Auch lässt sich der Eintopf mit verschiedenen Kräutern wie Petersilie, Schnittlauch oder Salbei verfeinern.

Himmel und Ääd mit Puttes

Dieses Gericht wird „Himmel und Erde" genannt, dabei stehen die Äpfel, die auf dem Baum wachsen, für den Himmel und die Kartoffeln, die im Boden gediehen, für die Erde. Meist wird Blutwurst, auch Puttes genannt, dazu gereicht. Als Türmchen auf dem Teller angerichtet, wird daraus eine edle Vorspeise.

Kartoffeln schälen, vierteln, in Salzwasser ca. 20 Min. kochen, abgießen und kurz ausdampfen lassen. Milch mit der Butter in einem Topf bei niedriger Temperatur erwärmen. Die Kartoffeln mit einem Kartoffelstampfer zu Püree verarbeiten, dabei nach und nach Milch und Butter zugeben. Mit Muskat, Salz und Pfeffer würzen. Den Stampf im Topf warm halten.

Die Äpfel waschen, aber nicht schälen. Mit einem Ausstecher das Kerngehäuse entfernen. Die Äpfel in Scheiben schneiden. Butter in einer Pfanne zerlassen und die Apfelscheiben darin anschwitzen. Puderzucker darüberstäuben und karamellisieren lassen. Die Apfelscheiben 3–4 Min. von jeder Seite leicht anbraten, herausnehmen und beiseitestellen.

Für die Puttes die Zwiebel schälen und in Ringe schneiden, die Blutwurst in dicke Scheiben schneiden. Die Blutwurstscheiben in Mehl wälzen. Öl in einer Pfanne erhitzen und die Blutwurst darin von beiden Seiten 2–3 Min. anbraten; dabei nur einmal wenden, da die Blutwurst schnell auseinanderfällt. Die Zwiebel mit Salz und Pfeffer würzen und in derselben Pfanne braun rösten.

Den Kartoffelstampf auf Teller verteilen und mit karamellisierten Apfelringen, Blutwurstscheiben und Zwiebelringen anrichten.

Tipp

Da es verschiedene Blutwurstsorten gibt, unbedingt beim Metzger nachfragen, ob die Blutwurst zum Braten geeignet ist. Nicht jede Blutwurst enthält Mehl, und ohne Mehl zerfällt die Wurst beim Braten.

Für 4 Portionen

Für den Kartoffelstampf
1,2 kg Kartoffeln (mehligkochend)
150 ml Milch
50 g Butter
frisch geriebene Muskatnuss
Salz
frisch gemahlener schwarzer Pfeffer

Für die Apfelringe
3 Äpfel (z. B. Boskop)
1 EL Butter
1 TL Puderzucker

Für die Puttes
1 Zwiebel
500 g Blutwurst (Puttes)
2–3 EL Mehl
2 TL Rapsöl

DANKE

... für die regionale und
kulinarische Unterstützung:
Andrea Gottfreund
Beate Roderburg
Monika Reck

... für die wunderschöne
Weihnachtsgeschichte:
Alexa Nieschlag

... an das beste Team:
Hölker Verlag

Lisa Nieschlag

... ist Designerin, Kochbuch-Autorin und Food-Fotografin.

Mit ihren fotografischen Inszenierungen macht sie zahlreichen Lesern Appetit auf mehr. Erst recht, wenn sie dann als Stylistin alles noch so geschmackvoll in Szene setzt. Die Küche ist Lisas kreativer und kulinarischer Kosmos.

Lisa betreibt den beliebten Food-Blog „Liz & Friends".

www.lizandfriends.de

Lars Wentrup

... ist ein Allrounder: Designer, Illustrator, Feinschmecker und Testesser. Und er liebt Bücher.

Angespornt durch das kreative Foodstyling und die eindrucksvollen Bildwelten schafft Lars die perfekte Plattform und bringt den – in jeder Hinsicht – guten Geschmack zu Papier.

Seit 2001 führt Lars gemeinsam mit Lisa eine Agentur für Kommunikationsdesign in Münster.

Impressum

5 4 3 2 1   25 24 23 22 21
ISBN 978-3-88117-260-8
© 2021 Hölker Verlag
in der Coppenrath Verlag GmbH & Co. KG
Hafenweg 30, 48155 Münster, Germany
Alle Rechte vorbehalten, auch auszugsweise
www.hoelker-verlag.de

Autoren:
Lisa Nieschlag und Lars Wentrup

Gestaltung und Satz:
Nieschlag + Wentrup
Agentur für Kommunikationsdesign
www.nieschlag-wentrup.de

Food-Fotografie:
Lisa Nieschlag, *www.lisanieschlag.de*

Rezepte & Food-Styling:
Andrea Gottfreund, *www.gottfreunds.de*

Aachen-Fotografie:
Niklas Birk (Seite 1, 14, 22, 23, 30, 50,
51, 56, 57, 64, 65, 72)
engel.ac, Shutterstock (Seite 8)
Ronny Kreu (Seite 15)
Jaime Pharr, iStock (Titel)

Geschichte:
Alexa Nieschlag (S. 40–47)

Redaktion:
Muriel Magon

Lektorat:
Dr. Christine Schlitt

Litho:
FSM Premedia GmbH & Co. KG, Münster

Printed in Germany

Wir drucken klimaneutral und unterstützen mit dem Druck dieses Buches ein wichtiges Klimaschutzprojekt.